RATUS POCHE

COLLECTION DIRIGÉE PAR JEANINE ET JEAN GUION

Ratus en ballon

Les aventures du rat vert

- Le robot de Ratus
- Les champignons de Ratus
- Ratus raconte ses vacances
- Le cadeau de Mamie Ratus
- Ratus et la télévision
- Ratus se déguise
- Les mensonges de Ratus
- Ratus écrit un livre
- L'anniversaire de Ratus
- Ratus à l'école du cirque
- Ratus et le sapin-cactus
- Ratus et le poisson-fou
- Noël chez Mamie Ratus
- Ratus et les puces savantes
- Ratus en ballon
- Ratus père Noël
- Ratus à l'école
- Un nouvel ami pour Ratus
- Ratus et le monstre du lac
- Ratus et le trésor du pirate
- Ratus chez le coiffeur
- Ratus et les lapins
- Les parapluies de Mamie Ratus
- La visite de Mamie Ratus
- Ratus aux sports d'hiver
- Ratus pique-nique
- Ratus sur la route des vacances
- La grosse bêtise de Ratus
- Le secret de Mamie Ratus
- Ratus chez les robots
- Ratus à la ferme
- Ratus champion de tennis
- Ratus et l'œuf magique
- Ratus et le barbu turlututu
- Les fantômes de Mamie Ratus
- La classe de Ratus en voyage
- Ratus en Afrique
- Ratus et l'étrange maîtresse
- Ratus à l'hôpital
- Ratus et la petite princesse
- Ratus et le sorcier
- Ratus gardien de zoo
- En vacances chez Ratus
- Ratus le chevalier vert

 ISSN 1259 4652, ISBN 978-2-218-74949-0

Ratus en ballon

Une histoire de Jeanine et Jean Guion
illustrée par Olivier Vogel

Hatier jeunesse

Ratus

Les personnages de l'histoire

Pour Léana.

Ratus écrit.

– Que fais-tu ? demande Marou.

– Un concours, répond le rat vert. 1
Le premier prix, c'est 2
une promenade en ballon.

– On pourra aller avec toi
si tu gagnes ? demande Mina.

Ratus dit oui de la tête.

Que répond Ratus à la question de Mina ?

– On va t’aider, dit Marou.
Mina lit une question : 3
– Quel animal ne peut pas
donner du lait :
la vache, la chèvre,
la poule ou la brebis ? 4
– Facile ! répond Ratus.
C’est la poule.

D'après Ratus, que répondrait Victor ?

Marou continue à lire :

– Parmi ces mots, lequel est le nom d'un fromage : le carton, le canapé, le camembert ou le canard ?

– Si on demande à Victor, il dira que le canard est un fromage avec des pattes ! dit Ratus pour se moquer.

Qui est sûr de gagner le concours ?

À ce moment-là, Victor arrive.

Il a entendu son nom.

– Que dis-tu ? demande-t-il au rat vert.

– Je dis que je vais gagner un concours, répond Ratus.

Le gros chien ricane : 6

– Tu es trop petit et pas assez malin pour gagner !

Que dit la lettre que Ratus reçoit ?

Un mois plus tard,
Ratus reçoit une lettre : 7
« Monsieur le rat vert,
vous avez répondu
tout juste au concours.
Vous avez gagné
la promenade en ballon
avec deux amis de votre choix. » 8

Avec qui Ratus va-t-il aller se promener en ballon ?

Ratus choisit Marou et Mina,
et il leur téléphone vite
la bonne nouvelle.

– Victor va être étonné,
disent les chats.

– Défense de lui en parler,
répond Ratus. C'est un secret.
Il pense que je suis petit
et que je suis bête. Il va voir !

......

Qu'est-ce que Ratus a emporté dans le ballon ?

Le dimanche suivant,
Ratus part avec Marou et Mina
pour la promenade en ballon.
Il porte un sac sur son dos.
– C'est pour faire une surprise
  à Victor, dit-il.
Les trois amis montent
dans la nacelle, puis le ballon 9
s'élève au-dessus de la ville.

Au-dessus de quel jardin Ratus veut-il aller ?

Le ballon glisse lentement
dans le ciel, sans bruit.
Ratus montre une maison
et demande au pilote : 10
– On peut aller là-bas ?
Le ballon passe maintenant
au-dessus du jardin de Victor.
Ratus ouvre son sac.
Il en sort des petites saucisses 11
qu'il jette par-dessus bord. 12

Qu'est-ce que Ratus a jeté sur Victor ?

Dans son jardin,
Victor rêve d'un bon repas.
Tout à coup, il sent quelque chose 13
qui lui tombe sur la tête : toc !
Toc ! Et toc ! Et encore toc !
– Hourra ! s'écrie le gros chien.
Il pleut des saucisses !
Et gloup, gloup, gloup,
il les avale toutes.

Le lendemain, qu'est-ce que Victor attend ?

Le lendemain matin,
Victor est dans sa chaise longue. 14
Il attend, le nez en l'air,
la bouche ouverte.
Belo arrive avec Marou,
Mina et Ratus.
– Que fais-tu ? demande Belo.
Victor répond :
– J'attends la prochaine 15
pluie de saucisses.

Qu'est-ce que Victor crie à Ratus ?

Ratus éclate de rire et dit :
– Tu peux attendre longtemps ! 16
Mina raconte ce qui s'est passé,
et Victor comprend que
le rat vert s'est moqué de lui.
Il est en colère et il crie :
– Tu vas recevoir un orage
de fromages sur la tête !
Les chats rient et Ratus
se sauve en lui tirant la langue.

1
un **concours**
Un jeu où les plus forts gagnent.

2
le **premier** *(pre-mi.é)* **prix**
Ce que l'on gagne dans un concours. Le premier prix est le plus beau.

3
une **question** *(kè.s-ti.on)*
Ce qu'on demande.

4
une **brebis**
La femelle du mouton.

5
un **camembert** *(ca-man-bèr)*
Un fromage vendu dans une boîte ronde.

6
il **ricane**
Victor rit et il se moque.

7
il **reçoit** *(re-soi)*

8
de votre **choix**
On peut choisir.

9

la **nacelle** *(na-sèl)*
L'endroit où on se met, sous le ballon.

10

le **pilote**
Il fait monter et avancer le ballon.

11

une **saucisse**
(so-si-se)

12

par-dessus bord
Dans le vide, par-dessus le bord de la nacelle.

13

quelque chose
(kèl-ke)
Une chose.

14

une **chaise longue**

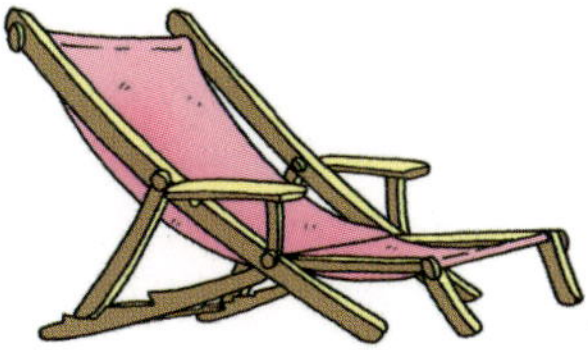

15

la **prochaine** pluie
La pluie qui va venir.

16

longtemps
(lon-tan)
Un long moment.

Les aventures du rat vert

- 1 Le robot de Ratus
- 3 Les champignons de Ratus
- 6 Ratus raconte ses vacances
- 7 Le cadeau de Mamie Ratus
- 8 Ratus et la télévision
- 15 Ratus se déguise
- 19 Les mensonges de Ratus
- 21 Ratus écrit un livre
- 23 L'anniversaire de Ratus
- 26 Ratus à l'école du cirque
- 29 Ratus et le sapin-cactus
- 36 Ratus et le poisson-fou
- 39 Noël chez Mamie Ratus
- 40 Ratus et les puces savantes
- 46 Ratus en ballon
- 47 Ratus père Noël
- 50 Ratus à l'école
- 54 Un nouvel ami pour Ratus
- 57 Ratus et le monstre du lac
- 61 Ratus et le trésor du pirate
- 67 Les belles vacances de Ratus
- 1 Ratus chez le coiffeur
- 2 Ratus et les lapins
- 3 Les parapluies de Mamie Ratus
- 8 La visite de Mamie Ratus
- 9 Ratus aux sports d'hiver
- 13 Ratus pique-nique
- 23 Ratus sur la route des vacances
- 27 La grosse bêtise de Ratus
- 31 Le secret de Mamie Ratus
- 38 Ratus chez les robots
- 41 Ratus à la ferme
- 46 Ratus champion de tennis
- 56 Ratus et l'œuf magique
- 60 Ratus et le barbu turlututu
- 64 Ratus chez les cow-boys
- 66 Le jeu vidéo de Ratus
- 5 Les fantômes de Mamie Ratus
- 8 La classe de Ratus en voyage
- 12 Ratus en Afrique
- 16 Ratus et l'étrange maîtresse
- 26 Ratus à l'hôpital
- 29 Ratus et la petite princesse
- 31 Ratus et le sorcier
- 33 Ratus gardien de zoo
- 47 En vacances chez Ratus
- 52 Ratus le chevalier vert

Super-Mamie et la forêt interdite

- 42 Super-Mamie et le dragon
- 44 Les farces magiques de Super-Mamie
- 48 Le drôle de cadeau de Super-Mamie
- 59 Super-Mamie et le coiffeur fou
- 42 Au secours, Super-Mamie !
- 45 Super-Mamie et la machine à rétrécir
- 57 Super-Mamie, dentiste royale
- 62 Le Grand Baboul fait la classe

Collection Ratus Poche

Les histoires de toujours

- 27 Icare, l'homme-oiseau
- 32 Les aventures du chat botté
- 35 Les moutons de Panurge
- 37 Le malin petit tailleur
- 41 Histoires et proverbes d'animaux
- 49 Pégase, le cheval ailé
- 26 Le cheval de Troie
- 43 La légende des santons de Provence
- 49 Les malheurs du père Noël
- 52 À l'école de grand-père
- 21 L'extraordinaire voyage d'Ulysse
- 36 Les douze travaux d'Hercule
- 40 Les folles aventures de Don Quichotte
- 46 Les mille et une nuits de Shéhérazade
- 49 La malédiction de Toutankhamon
- 50 Christophe Colomb et le Nouveau Monde

Ralette, drôle de chipie

- 10 Ralette au feu d'artifice
- 11 Ralette fait des crêpes
- 13 Ralette fait du camping
- 18 Ralette fait du judo
- 24 Une surprise pour Ralette
- 28 Le poney de Ralette
- 38 Ralette, reine du carnaval
- 45 Ralette, la super-chipie !
- 51 Joyeux Noël, Ralette !
- 56 Ralette, reine de la magie
- 62 Ralette et son chien
- 70 En voiture, Ralette !
- 4 Ralette n'a peur de rien
- 6 Mais où est Ralette ?
- 44 Les amoureux de Ralette

L'école de Mme Bégonia

- 11 Drôle de maîtresse
- 25 Un voleur à l'école
- 33 Un chien à l'école

La classe de 6^{e}

- 44 La classe de 6e au Puy du Fou
- 48 La classe de 6e contre les troisièmes

Collection Ratus Poche

Les imbattables

- 54 La rentrée de Manon
- 55 Le chien de Quentin
- 58 Barnabé est amoureux !
- 61 Le courage de Manon
- 63 Le mystère du cheval sauvage
- 65 Les éléphants en danger
- 67 Manon et le bébé loup

Baptiste et Clara

- 30 Baptiste et le requin
- 40 Clara et la robe de ses rêves
- 51 Clara et le secret de Noël
- 53 Les vacances de Clara
- 59 Clara fait du cinéma
- 38 Clara superstar
- 41 Clara et le garçon du cirque
- 43 Clara, reine des fleurs
- 45 Clara et le cheval noir
- 51 Clara et le dauphin

Francette top secrète

- 52 Mystère à l'école
- 53 Drôle de momie !
- 55 Mission Noël
- 58 Enquête à quatre pattes
- 60 Le fantôme de Trucmachin
- 64 Vacances au Pouloulou
- 68 Justin à la folie

M. Loup et Compagnie

- 63 Mission petite souris
- 65 SOS, père Noël !
- 66 Trop bon, le dinosaure !
- 69 Attention, ouistiti !

Conception graphique couverture : Pouty Design
Conception graphique intérieur : Jean Yves Grall • mise en page : Atelier JMH

Imprimé en France par Pollina, 84500 Luçon - n° L59241
Dépôt légal n° 74949-0/06 - décembre 2011